Adiestramiento del perro

divertido y eficaz

> Autora: Katharina Schlegl-Kofler | Fotos: Christine Steimer

Indice

Aprenda a conocer a su perro

Programa de adiestramiento básico

Cómo tratar al perro

Programa de adiestramiento para la vida cotidiana

Apéndices

HISPANO EUROPEA

Aprenda
a conocer
a su perro

El perro como miembro de la familia

Sin lugar a dudas, actualmente el perro es el animal doméstico por excelencia. Se adapta a casi cualquier medio en el que pueda vivir el ser humano y puede establecer una relación muy estrecha con las personas, lo cual constituye una excepción entre los animales de compañía.

Antiguamente se limitaba a ayudar al hombre en la caza y en las labores de protección y defensa, pero hoy en día se ha convertido principalmente en un animal de compañía. Pero muchas veces le toca hacer de amigo, de sustituto de los niños, de símbolo social o de animal de peluche. Es frecuente que se humanice su conducta, que se lo ridiculice, que se lo considere inferior o que no se tengan en cuenta las necesidades propias de cada raza. En estos casos, los problemas no tardan en aparecer.

En nuestra sociedad actual, el perro y el hombre viven en un espacio bastante limitado y el perro debe afrontar una gran variedad de situaciones y de entornos. El que se sienta seguro entre la gente y que pueda responder correctamente a los estímulos externos depende tanto de su herencia genética como de la socialización y el adiestramiento que le proporcionemos.

Este libro le allanará el camino para conseguir que la convivencia con su peludo compañero sea lo más satisfactoria posible y que aparezcan el menor número de inconvenientes.

Perro y lobo

Supongo que a estas alturas todo el mundo sabe que el perro desciende del lobo. Pero mucha gente no tiene en cuenta la

Armonía en el equipo hombre-perro. Para ello es necesario que el hombre sea el sujeto dominante.

forma en que esto influye en nuestra convivencia con él. Para comprenderlo mejor empezaremos por echar un vistazo al lobo. A pesar de su grado de domesticación, muchas pautas de comportamiento del lobo podemos extrapolarlas a la relación entre el hombre y el perro. Y es que la herencia del lobo sigue determinando una gran parte del comportamiento del perro.

Animal gregario: Al igual que el lobo, el perro es un animal adaptado a vivir en grupo con los de su especie: en manada. Una manada de lobos no es un grupo salvaje. Todo lo contrario: se rige por unas reglas inflexibles y un orden jerárquico muy estricto.

Líder de la manada: El jefe de la manada es siempre un lobo «alfa» cuya experiencia es una garantía para la supervivencia del grupo. Disfruta del respeto de la manada y goza de una gran autoridad.

«La jauría humana»

El perro suele vivir en compañía de una o más personas. Para él el ser humano es un compañero, es decir, otro perro en el sentido más amplio de la palabra. Su dueño, o la familia de éste, son su «manada». El perro siempre estará muy atento a lo que suceda a su alrededor y al comportamiento de las personas con las que conviva, y reaccionará en consecuencia. Al igual que sucede con el lobo, el instinto del perro también le indica que su manada solamente podrá sobrevivir si cuenta con un jefe apropiado.

Y éste es exactamente el rango que debe adquirir su dueño. Establecer un claro orden jerárquico es la condición principal para conseguir una convivencia armoniosa entre perro y hombre. A partir de la página 16 le enseñaremos a convertirse en un buen «líder de jauría».

¿Le conviene tener un perro?

	Sí	No
1. ¿Busca principalmente un animal que se deje mimar y acariciar?	☐	☐
2. ¿Es usted perseverante, paciente, responsable y constante?	☐	☐
3. ¿Aceptaría el hecho de encontrar a veces pelos de perro en su ropa o incluso en la comida?	☐	☐
4. ¿Hay alguien en su casa por lo menos durante la mitad del día? De lo contrario, ¿puede llevarse el perro al trabajo?	☐	☐
5. ¿Está dispuesto a compartir gran parte de su tiempo libre con el perro?	☐	☐
6. ¿Le gusta salir a pasear sean cuales sean las condiciones meteorológicas?	☐	☐
7. ¿Le hace ilusión ocuparse regularmente de un animal?	☐	☐
8. En caso de que sea necesario, ¿es usted capaz de aguantar la mirada triste y pedigüeña del perro y obrar con firmeza en vez de ceder?	☐	☐

Si ha contestado la pregunta 1 con un «no» y de la 2 a la 8 con un «sí», usted disfrutará de su perro y será el tipo de dueño que cualquier perro quisiera encontrar. Si en su casa viven más personas también podría contestar con un «no», las preguntas 5 y 6. Si ha contestado la pregunta 1 con un «sí» y de la 2 a la 8 con un «no» será mejor que se decida por otro animal doméstico, el perro no encaja con usted.

Importancia de la raza y origen

Para lograr que la convivencia con el perro sea lo mejor posible es fundamental tener en cuenta las características propias de cada raza y proporcionarle los cuidados adecuados durante las primeras semanas. Es totalmente falso que para obtener un perro simpático y sin problemas basta con darle mucho cariño y mimarlo todo el día.

El Jack Russell Terrier es un perro que se criaba especialmente para la caza del zorro.

Características propias de cada raza

Casi la totalidad de las aproximadamente 350 razas de perros que existen en la actualidad fueron creadas para realizar alguna tarea muy determinada. A base de muchas décadas de cría selectiva se consiguieron fijar determinados caracteres hereditarios. Actualmente hay pocas razas que se sigan criando para cumplir con sus tareas originales, pero las demás tampoco han perdido sus características propias. Antes de elegir una determinada raza hay que tener en cuenta si las características del perro se adaptan al entorno en que le va a tocar vivir. Téngalo muy en cuenta a la hora de comprar un perro, porque los instintos son casi imposibles de eliminar, y aquí no suele servir ningún adiestramiento.

Si pretendemos tener como animal de compañía a un perro cuya especialidad es la caza en campo abierto o tirar de un trineo en el Ártico, antes o después surgirán serios problemas de convivencia. Y lo mismo sucederá si mantene-

mos a un perro pastor o a un perro de presa en un entorno que no sea el apropiado para él. También suele haber problemas con las razas en las que solamente se cuida la belleza y las llamadas razas «de moda». Normalmente, si sólo se cuida el aspecto físico del animal y la productividad de la cría, el carácter y la salud del perro suelen salir muy perjudicados.

Una buena infancia

Por desgracia, todavía hay mucha gente que no sabe la gran importancia que tienen para un perro sus primeras semanas de vida. Es en esos momentos cuando se sientan las bases de lo que será su comportamiento de adulto. Por lo tanto, veamos ahora algunos conceptos que hay que tener muy claros a la hora de adquirir un cachorro, aunque no sea de raza. Así sabrá si está tratando con un criador serio:

➤ Un buen criador conoce todas las características de su raza y puede asesorar al comprador del cachorro de forma sincera, objetiva y clara.

➤ Le explicará las características propias de sus perros y

Razas de perros que plantean exigencias específicas

Razas	Utilidad práctica	Características propias (ejemplos)
Border Collie Australian Shepherd	Perros de pastor	Instinto de pastoreo muy acusado, es imprescindible que ejerza alguna de las actividades para las que están dotados (protección, pastoreo, «agility», etc.)
Perdiguero de Burgos Braco italiano	Perros de caza	Perros con un instinto de caza muy desarrollado. Apropiados solamente para cazadores
Maremmano Ovtcharka del Cáucaso Cuvac de Eslovenia	Perros de pastor empleados por los pastores que viven en regiones apartadas. Defienden el ganado y todas sus pertenencias.	Muy independientes; desconfían de los extraños y su comportamiento puede ser imprevisible; siempre están alerta y dispuestos a plantar cara.
Husky siberiano Malamute de Alaska Husky de Alaska	Perros de trineo, son capaces de arrastrar cargas con rapidez y a gran distancia.	Gran capacidad de tiro e instinto de caza. Sólo para personas deportivas que vayan en bicicleta, que corran o que participen en carreras de trineos.
Dobermann	Perro de guarda y defensa	Es un perro para un solo amo. Capacidad innata para protección y defensa, muy vivaz, necesita un adiestramiento adecuado.
Gos d'Atura	Perro de pastor	Perro muy activo, temperamental y con instinto protector. Necesita estar siempre activo y hay que disponer de mucha paciencia y un adiestramiento específico.
Jack Russell Terrier	Perro para la caza de zorros y tejones	Muy activo e independiente. Necesita ser adiestrado con mucha paciencia y perseverancia.
Rottweiler	Perro de defensa y para la policía	Muy fuerte, templado y con capacidad de lucha. Instinto de defensa y protección. Necesita un adiestramiento acorde con sus capacidades.

no le hará creer que todo es de color de rosa.

➤ También procurará que el cachorro y el comprador «encajen» lo mejor posible.

> *Los perros de caza necesitan ser adiestrados.*

➤ Un buen criador tendrá solamente unos pocos perros, bien cuidados y que viven con la familia. Es decir, no los tendrá encerrados.

➤ Los cachorros no han de mostrarse tímidos ni huidizos.

Para preparar a sus cachorros de cara al futuro, los criadores les hacen jugar en un campo de entrenamiento, los llevan de paseo y les permiten tener to-

do tipo de buenas experiencias con la gente (¡también con los niños!) y con el mundo que los rodea.

Si elige la raza más adecuada para usted y le compra un cachorro a un buen criador es muy probable que su convivencia con el perro esté llena de satisfacciones para ambos.

¿De dónde procede el cachorro?

Por desgracia, no todos los cachorros viven en las mismas condiciones. Muchos pasan sus primeras semanas de vida en un patio trasero o en un establo. Allí apenas tienen contacto con las personas, incluso es posible que alguien les haga pasar un mal rato, y tampoco aprenden nada acerca de su

entorno. Son unos comienzos bastante malos para un perro que después vaya a vivir en un entorno familiar y tenga que acompañar a su dueño a todas partes. Muchos de los perros que han vivido en estas condiciones luego tienen miedo de la gente o se sienten muy inseguros. Es bastante difícil lograr que uno de estos cachorros se adapte por completo. Hace falta tener mucha paciencia con él y no siempre se consiguen buenos resultados.

Perros de segunda mano

La persona que adopta un perro de la perrera o de un dueño anterior ha de procurar informarse todo lo posible acerca de cómo ha sido la vida

SUGERENCIA

Un compañero para las personas mayores

➤ El perro puede ser un excelente compañero para las personas mayores.

➤ ¿Se encuentra usted bien físicamente y ya había tenido un perro con anterioridad? Si es así, no tendrá ningún problema para cuidar de un cachorro de alguna de las razas más temperamentales y que necesitan desfogar sus fuerzas.

➤ Si usted ya no está para muchos trotes, será mejor que elija un perro de una raza tranquila y que no crezca demasiado.

➤ También podría convenirle un perro que ya tenga algunos años y que haya llevado una existencia feliz hasta ese momento. La ayuda sería mutua.

> *Al principio los cachorros se orientan mucho por su madre. Por esto el carácter de la madre es tan importante para su desarrollo.*

del animal hasta ese momento. Es muy difícil, o casi imposible, recuperar por completo a un perro cuyo desarrollo presente muchas deficiencias, que haya tenido malas experiencias con las personas o que proceda de un entorno totalmente distinto al que va a encontrar ahora. En estos casos hay que prestarle mucha dedicación y hace falta contar con mucha preparación técnica. Sin embargo, no hay nada que nos impida adoptar a un perro «de segunda mano» que esté sano y hasta ahora haya llevado una vida completamente normal.

Mi consejo: Antes de comprar o adoptar un perro adulto asegúrese bien de que el animal que le interesa realmente encaja con usted y con su forma de vida. Sería muy triste que al cabo de un tiempo tuviese que devolver el perro a su dueño anterior o a la perrera. Las familias con niños pequeños y las personas que no hayan tenido nunca un perro es mejor que se decidan por un cachorro de raza cuyo criador ya lo haya acostumbrado a vivir con niños: suelen ser mejores mascotas que los perros recogidos o adoptados.

Razas con distintas necesidades

✔ **Para viviendas pequeñas:**
Caniche enano, Bichon habanero, Yorkshire Terrier, West Highland White Terrier, Pomerania, Cocker Spaniel

✔ **Para zonas urbanas:**
Golden Retriever, Labrador Retriever, Dálmata, Caniche, Boxer

✔ **Para practicar actividades al aire libre (correr, excursionismo, etc.):**
Perros esquimales, Dálmata, Setter, Collie, Airedale Terrier, Bobtail

✔ **Perros que necesitan poca actividad:**
Leonberger, Bulldog, Teckel, Mops

Su desarrollo durante el primer año

El perro tiene que aprender muchas cosas antes de llegar a adulto. Para poder asimilar el máximo de información, el desarrollo de su cerebro pasa por unas fases en las que aprende a base de memorizar la mayor cantidad de detalles posibles de forma no selectiva. Es decir, que retiene las experiencias buenas y las malas de manera prácticamente imborrable. Pero las experiencias no vividas también dejan su huella.

> *El cachorro siente una gran curiosidad por todo lo que le rodea.*

Sus primeros 20 días

Los cuidados de la perra le proporcionan la primera sensación de confianza. Un cachorro sano no necesita ayuda para encontrar las mamas de su madre y el calor de sus hermanos de camada. Sus primeras experiencias le enseñarán a conseguir cosas con su propio esfuerzo.

Sociabilización

De la 3ª a la 4ª semana: Durante la tercera semana, a medida que vayan desarrollándose sus sentidos, el cachorro empezará a saber reconocer correctamente a su madre y a sus hermanos. Así sabrá cómo identificar a los de su especie. En su familia no tardará en aprender qué es lo que puede hacer y qué es lo que no, así como la manera de comunicarse con los suyos. Es muy importante que el criador fomente el contacto de los cachorros con diversas personas para que éstos comprendan que la gente también forma parte de su vida. El radio de acción de los cachorros va constantemente en aumento. Cada vez son más curiosos y quieren saberlo todo acerca del mundo que los rodea. El criador cuidará de que puedan satisfacer su curiosidad, que tengan oportunidad de jugar todo lo que quieran y de que se vayan acostumbrando a los ruidos y olores de la vida cotidiana.

De la 8ª a la 16ª semana: Lo ideal es que adquiera un cachorro de unas ocho semanas, y a partir de ese momento toda la responsabilidad será de usted. Lo que su cachorro experimente durante los próximos dos meses, junto con sus caracteres hereditarios, será determinante para lograr que llegue a convertirse en un perro capaz de convivir perfectamente con las personas y tolerar sin angustias las situaciones de la vida cotidiana. Por lo tanto, el «típico perro de familia» que acompaña a su gente a todas partes tiene aún mucho por aprender:

➤ Tiene que acostumbrarse a los distintos tipos de escaleras y a los diferentes pavimentos del suelo, como por ejemplo parquet liso, piedra natural, gres, etc.

➤ Viajar en ascensores y medios de transporte público, pasear por la ciudad.

➤ Entrar en bares y restaurantes, quizá no en restaurantes de cinco tenedores pero sí en una pizzería.

➤ Ir de visita a casa de la abuela o de los amigos.

➤ Acompañar al niño a la guardería.

➤ Reconocer al cartero y a los repartidores a domicilio para evitar posibles problemas.

Según las circunstancias, es probable que esta lista todavía haya que prolongarla bastante. Para lograr crear una verdadera relación de confianza mutua es necesario que juegue mucho con él, que vayan juntos de paseo por el campo y que tengan mucho contacto directo, sea por el cepillado, el peinado o con caricias. Si le marcamos claramente sus límites y sus obligaciones, el cachorro aprenderá muy pronto a integrarse en la «manada». En la fase de sociabilización también hay que incluir algunos pequeños ejercicios de obediencia con una motivación positiva (ver pág. 33). Tampoco deberá faltar el contacto con otros perros, porque en esta época aún tiene que aprender mucho de sus semejantes. Quizá consiga integrar-

> *El ejemplo de la madre: así es como los cachorros mejor se acostumbran a su entorno.*

lo en algún grupo de juegos para cachorros (ver pág. 32).

A partir de la 16ª semana

Según el carácter del perro, es posible que ahora se muestre a veces un poco descarado. Quizá no se tome en serio los ejercicios que ya había llegado a dominar ni las reglas que ya aceptaba. No desista; siga insistiendo. Al final cederá ante su autoridad y lo considerará como «jefe de manada». A los dos años las perras entran por primera vez en celo y los machos alcanzan también su madurez sexual.

RECUERDE

¿Qué cachorro es el mejor para usted?

El cachorro más descarado también será luego el más independiente:

✔ Muerde inmediatamente la mano.

✔ Salta a su lado.

✔ Siempre se pone delante de los demás.

El cachorro dócil será más fácil de educar:

✔ Lame la mano.

✔ Es más dulce y busca siempre el contacto físico.

El cachorro tímido es probable que se convierta en un perro asustadizo:

✔ Evita cualquier tipo de contacto.

✔ Huye de la gente.

✔ Se pone tenso cuando lo tocamos.

Cuestiones básicas acerca de los perros

¿Cuándo debo esterilizar a mi perro?

Si su perro es macho, solamente le recomiendo que lo castre si siempre ataca a los otros perros de su sexo, si marca excesivamente su territorio o si persigue a las perras de forma compulsiva. Recomiendo esterilizar a las perras si después del celo tienen siempre un falso embarazo. Dado que las hormonas ejercen muchas funciones en el metabolismo del animal, creo que es preferible no esterilizarlo antes de que haya alcanzado su máximo desarrollo. Solamente entonces se habrá acabado de formar el carácter del perro. Si se esterilizara una perra que muestre un carácter dominante es posible que se vuelva aún más dominante. Una esterilización demasiado temprana puede influir en su capacidad de aprendizaje.

¿Con qué frecuencia entran en celo las perras y cómo puedo reconocerlo?

Aproximadamente cada seis meses y durante tres semanas. Algunas pueden tener un ciclo más largo. Los perros suelen empezar a interesarse por sus compañeras algún tiempo antes de que entren en celo. Si encuentra rastros de sangre es que ya ha empezado. El momento «peligroso» es cuando esta secreción se vuelve más clara y la perra ya no ahuyenta a los machos que van detrás de ella. Vigílela bien, porque en este momento también es probable que sea ella la que vaya en busca de los machos.

¿Es verdad que los perros adultos protegen a cualquier cachorro?

En principio, cualquier perro protege antes que nada a los cachorros de su propia camada. Pero el caso es que la mayoría de los perros serían incapaces de atacar a un cachorro, aunque esto depende en gran medida de cómo haya sido su propia infancia. Por lo tanto, no podemos asegurar que cualquier perro defenderá sistemáticamente a cualquier cachorro. Cuide de que su cachorro no viva ninguna mala experiencia durante la fase de sociabilización.

Así es como los perros marcan los límites de su territorio.

¿Qué es el «adiestramiento moderno» del perro?

Actualmente, las técnicas de adiestramiento canino se basan en los estudios de comportamiento animal. El hombre y el perro forman un equipo en el que el hombre es claramente el miembro de rango superior. Y esto hay que conseguir comunicárselo al perro, es decir, hay que motivarlo para que se comporte como nosotros queramos que lo haga. El perro no ha de obedecer por miedo sino porque confía en la persona y la identifica como «líder» de su manada. Y esto no tiene nada que ver con un comportamiento autoritario. Nunca hay que obligar ni forzar al perro.

¿Dónde puedo conseguir un perro de raza?

En las principales tiendas de animales podrá conseguir los datos de las sociedades caninas y de los clubs de criadores de las principales razas. Los ejemplares empleados como reproductores han de cumplir determinadas condiciones, pero tampoco entre los criadores de perros es oro todo lo que reluce. Procure visitar varios criaderos, fíjese bien en los perros y no compre lo primero que le ofrezcan. En los festivales y exposiciones caninas tendrá ocasión de ver de cerca ejemplares de muchas razas y podrá hacerse una idea de sus características.

¿Puedo llegar a mimar demasiado a mi perro?

Algunos perros son realmente muy mimosos, pero también hay otros que muestran un carácter más reservado. De usted dependerá lo consentido que llegue a ser su perro. Por muy importante que sea mantener un estrecho contacto con el animal, tampoco debe olvidar de mantener muy claro el rango de cada uno. Tampoco es conveniente que le ponga a su perro prendas tales como abrigo, gorrito, etc.

¿Los perros tienen remordimientos?

No, no tienen. Cuando usted vea que el perro se siente «arrepentido» después de haber hecho algo malo, lo único que sucede es que se siente inseguro por el tono de voz que usted ha empleado al reñirlo, y por los gestos y expresiones que ha visto en su cara.

Tanto al premiarlo como al reñirlo hay que hacerlo justo después de su comportamiento.

MIS CONSEJOS PERSONALES

Katharina Schlegl-Kofler

El niño y el perro

Si tenemos esto en cuenta, el niño y el perro pueden llegar a ser grandes amigos:

➤ La responsabilidad y el adiestramiento corren siempre a cargo de los padres. No compre nunca un perro para que sea solamente de los niños.

➤ El que a un perro le gusten o no los niños dependerá más de sus propias experiencias que de la raza. Los perros tranquilos, pacientes y sin un instinto de guarda o defensa demasiado acusado son los ideales para las familias con niños.

➤ Al jugar con el perro, los niños nunca han de ponerse en posición de sumisión o de perdedor.

➤ No deje nunca a los niños solos con el perro. Ni siquiera al ir de paseo. El perro podría echar a correr arrastrando al niño con la correa.

➤ Vigile que los niños no hagan enfadar al perro por pura diversión o que lo molesten cuando duerme.

Cómo tratar al perro

Así aprende el perro

El perro aprende por el éxito. Es decir, si un comportamiento le proporciona algún tipo de recompensa volverá a repetirlo. Lo que no le aporte nada, o le produzca consecuencias negativas, acabará

Bien motivado y sin miedo, así es como mejor aprende el perro.

por dejarlo de lado. Recapacite un momento sobre esto. ¿Cuándo riñe o premia usted a su perro? O también, ¿cuándo se siente él satisfecho por hacer algo que usted quería?

La principal finalidad del adiestramiento es conseguir que el perro obedezca cuando su dueño le ordene algo, especialmente en situaciones «delicadas».

Para conseguirlo es necesario mantener una relación correcta en la vida cotidiana y seguir un entrenamiento regular.

Cómo premiarlo

¡Lo más importante es saber el momento en que hay que hacerlo! Es decir, que al perro hay que premiarlo siempre que haga lo que queríamos que hiciese.

➤ Por ejemplo, si el perro está aprendiendo a obedecer la orden de «sentado» habrá que darle un pequeño premio exactamente en el momento en que se siente en la posición correcta.

➤ Si desea que el perro se quede sentado durante un tiempo, dele el premio cuan-

do ya lleve un rato sentado tranquilamente.

El premio puede ser una golosina, unas palabras con voz cariñosa, unas caricias o un rato de juego al acabar los ejercicios. Adapte las recompensas a las preferencias del perro y a las circunstancias de cada momento.

El empleo de los premios

Las golosinas son un buen premio porque podemos emplearlas con facilidad. Lo importante es que el perro tenga hambre y que le demos la golosina solamente cuando haya hecho lo que esperábamos de él. Y también tiene que ser la golosina adecuada. La mayoría aceptan las galletas para perros, pero si el suyo es un poco remilgado, no come mucho o no le hace mucho caso, será mejor variar la estrategia. Emplee un trocito de queso, embutido de pavo o algún alimento similar que le parezca apetecible a su perro

¿Cuándo premiarlo? Al principio de su educación, el perro recibe un pequeño premio ca-

1 Collar

El collar ha de ejercer una presión nula o mínima. Para los cachorros son recomendables los collares de anchura regulable.

2 Arnés de cabeza

Lleve al perro del arnés, afirme el mosquetón pequeño a la correa del arnés y el grande al collar. El arnés de cabeza no ha de ser demasiado estrecho y ni demasiado ancho.

3 Correa

Para los entrenamientos es preferible emplear una correa de cuero o de material textil cuya longitud se pueda regular mediante un segundo mosquetón y algunas anillas.

da vez que ha obedecido la orden que está aprendiendo. Cuando ya domine el ejercicio con seguridad, prémielo sólo de vez en cuando o si eleva el grado de dificultad de la prueba.

Si no hay forma de motivar a su perro con golosinas pero tiene un juguete favorito, enséñeselo durante la realización del ejercicio, pero no le deje jugar con él hasta haberlo finalizado.

RECUERDE

Equipo

Imprescindible:

✔ Collar normal.

✔ Correa de longitud regulable mediante mosquetón.

Ambos accesorios han de ser fuertes pero ligeros.

Recomendable:

✔ Un silbato parra perros (para llamarlo).

Es más potente y preciso que las órdenes verbales. El perro necesita un entreno previo (ver pág. 34-35).

Útiles en ciertos casos:

✔ Arnés de cabeza (no es adecuado para los cachorros).

✔ Correa con una longitud de unos 5 m (en función de la raza del perro), ligera y resistente; no ha de ser muy delgada para evitar lesiones en las manos cuando el perro tira bruscamente (ver pág. 45).

Ambos accesorios podemos emplearlos durante bastante tiempo, generalmente semanas o meses.

✔ Caseta para que el perro pueda refugiarse en caso de sentirse agobiado por la gente, para evitar una relación demasiado estrecha, para que se acostumbre a estar solo y para que pase la noche (ver pág. 31).

Cómo corregir un comportamiento indeseable

Existen varias formas de hacerlo. Elija la que mejor se adapte al tipo de comportamiento que desee corregir.

los ojos. Así se puede influir muy bien en conductas con las que el perro no pueda causar grandes daños, como pedir comida cuando estemos en la mesa, ponerse pesado, o saltar sobre la gente. Al ignorarlo lo inducimos a contenerse. Es importante que el animal no tenga nunca el más mínimo éxito con la conducta que usted pretende «borrarle».

Sin embargo, ignorándolo no conseguiremos corregir conductas tales como cazar, morder objetos o perseguir a las personas que hacen jogging, es decir, conductas que le proporcionan satisfacción

por sí mismas sin que persiga ninguna finalidad en concreto.

Aguantarlo por el hocico

Sujetar al contrincante por el hocico es uno de los métodos más empleados por perros y lobos para mostrar su superioridad. Nosotros aguantaremos el hocico del perro con una mano por encima y ejerciendo más o menos fuerza según la situación y la raza del perro (ver foto de la izquierda).

No conviene emplear este método para cualquier peque-

> *Cuando sujeta al perro por el hocico, le recuerda la forma en que lo trataba su madre.*

Ignorar

Ignorar significa no decirle nada al perro y no mirarle a

ñez, pero hágalo cuando el perro le muerda las manos o la ropa al jugar y la interrupción del juego no sea suficiente para disuadirlo. O cuando lleve en la boca algo que no es suyo y no quiera soltarlo (ver pág. 42).

Un castigo caído del cielo

Si el perro está a punto de robar algo de la mesa o del suelo o se dispone a perseguir a alguien que esté corriendo, puede disuadirlo lanzándole una lata llena de piedrecitas o una cadena especial (de venta en las tiendas de animales) de forma que aterrice ruidosamente a su lado. Pero es importante que el perro no sepa quién se lo ha tirado. Si el perro vuelve mansamente a su lado, acaríciélo.

Aprenda a corregir su conducta

Durante los ejercicios de obediencia puede suceder que el perro no obedezca inmediatamente una orden que ya conoce o que interrumpa el ejercicio sin permiso. Estos casos hay que corregirlos lo antes posible, y de forma física.
➤ Si tira de la correa, acórtele la distancia.
➤ Si no se quiere sentar, pre-

Aunque el perro le pida algo con tanta simpatía, el inicio del juego lo decide usted.

siónele suavemente la parte trasera hacia abajo.
➤ Para hacer que se eche sobre el suelo, según el tamaño del perro puede apretar su lomo hacia abajo y tirar de sus patas delanteras hacia delante, o «tumbarlo» en posición de sumisión (esto último sólo si hay problemas de orden jerárquico).

A tener en cuenta: El correctivo a emplear ha de estar siempre en consonancia con el comportamiento del animal.

El momento adecuado

Durante el adiestramiento del perro siempre es necesario hacer las cosas en el momento oportuno:

✔ Corrija a su perro justo en el momento en que esté empezando a hacer algo malo: por ejemplo, si se levanta sin permiso, ríñalo en el momento en que empiece a levantarse; no espere a que ya esté levantado.

✔ Castíguelo en el momento en que vea que pretende hacer algo que le está prohibido: Si quiere robar algo de la mesa, ríñalo en el momento en que se dispone a cogerlo.

21

Establecimiento del orden jerárquico

Regla principal del orden jerárquico: ¡la persona hace, y el perro obedece!

Téngalo muy en cuenta en todas las situaciones que puedan darse en la vida cotidiana. Si en casa todo se hace en fun-

> Un perro bien educado afrontará estas situaciones sin ningún problema.

ción del perro, éste no tardará en sentirse como dueño y señor. Por lo tanto, no se acostumbre a hacer lo que el perro le pida, sea usted quien lleve la

iniciativa. Cuanta más confianza tenga el perro en sí mismo, más tendrá que tener usted esto en cuenta.

Ejemplos para marcar el orden jerárquico

➤ Usted determina cuándo y durante cuanto rato va a jugar con el perro y si éste ha de permanecer en el jardín o dentro de casa.

➤ Usted decide cuándo quiere acariciarlo. Y no lo hará siempre que el perro se lo pida.

➤ No le dé de comer cuando el perro ladre o salte pidiendo la comida, sino cuando ya lleve algunos minutos tranquilo.

➤ Prohíbale subirse a la cama, al sofá, a los sillones, etc.

➤ Cuando salga de casa con el perro, salga usted primero y luego él.

➤ Si se le coloca delante, apártelo.

➤ Primero el «jefe» y luego el perro. Esto significa que el perro recibirá su comida cuando usted ya haya comido. Y retírele lo que no haya comido en diez minutos.

Quizá le parezca que estos consejos son un poco duros, pero le aseguro que son de gran utilidad y que le permitirán mantener una relación con su perro mucho mejor. Tenga en cuenta que si no establece una jerarquía muy clara, el perro no lo considerará como «jefe de manada» y no

SUGERENCIA

Importante para cualquier perro: estar ocupado

➤ A todos los perros les gusta estar haciendo algo. Por lo tanto, es muy recomendable estimularlo tanto física como psíquicamente. Para esto son muy utiles los ejercicios de obediencia, las pruebas de habilidad, las búsquedas y las ocupaciones propias de cada raza.

➤ Los perros que se aburren suelen excavar el jardín, saltan la valla, persiguen a la gente por la calle o rompen cosas solamente para descargar su energía. El aburrimiento también puede fomentar su agresividad o su instinto de caza.

> *Si la familia está unida y el perro percibe un claro orden jerárquico, se sentirá seguro y protegido.*

le obedecerá. Por lo tanto, si lo castiga por desobediente el perro no sabrá por qué lo hace y es probable que le plante cara.

Comunicación con el perro

Para que el perro le comprenda es necesario que combine la voz con el lenguaje corporal. Muéstrese seguro y trátelo con autoridad. Las órdenes han de ser amistosas, pero claras y determinantes. No es necesario gritar. Si quiere que el perro esté tranquilo, exprese usted también esa tranquilidad con su voz y sus gestos.

Si quiere que se muestre activo, estimúlelo con un tono de voz y unos movimientos apropiados. Evite explicaciones, preguntas o peticiones, pues el perro no sabrá qué es exactamente lo que se espera de él. Lo importante es tratarlo siempre de la misma manera. Una vez establecidas las «reglas del juego» para la convivencia, estas deberían ser respetadas también por las demás personas que tengan trato con el animal.

El perro ha de saber interpretar exactamente las órdenes que se le dan y, una vez dominadas, ha de cumplirlas en el acto. Pero dele una orden solamente si usted va a poder comprobar que la cumple. Por ejemplo: si usted sale de casa sin el perro no lo mande a su rincón diciéndole «quieto, échate», porque si él se levantase usted no estaría allí para corregirlo.

El comportamiento
del perro

¿Entiende usted el lenguaje del perro? Aquí aprenderá qué es lo que su mascota le indica mediante su comportamiento **?** y cómo tiene que reaccionar usted ante ello **➡**

> El perro se agacha sobre sus extremidades anteriores manteniendo la parte trasera levantada.
>
> **?** Incita a otro perro a jugar.
>
> **➡** Déjelos jugar juntos. Las relaciones sociales son muy importantes para su desarrollo.

> Un Teckel adulto juega con unos cachorros.
>
> **?** Uno de los cachorros adopta la posición de sumisión para ablandar al adulto.
>
> **➡** Si el Teckel se porta bien, no intervenga. Pero no los pierda de vista.

Estos perros se han encontrado por casualidad.

? Se olfatean mutuamente para conocerse mejor.

→ Mantenga una cierta distancia. Si los perros no muestran una reacción amistosa, siga caminando y llame al suyo.

Este perro escarba frenéticamente en el suelo.

? Ha localizado algún roedor y va en su busca.

→ Evítelo porque esto no hace más que fomentar su instinto de caza. Si al perro le gusta mucho escarbar, póngale en el jardín una caja con arena.

Su Australian Shepherd le trae un juguete.

? Le está invitando a jugar con él.

→ Si su perro es muy dominante será mejor que no acceda a estas invitaciones.

El Dálmata ha marcado el lugar y a continuación lo patea.

? Al agitar las extremidades posteriores esparce su olor.

→ Si se trata de un perro muy dominante es mejor que lo interrumpa cuando haga esto.

Test: ¿qué tal conoce a los perros?

Antes de empezar con los ejercicios prácticos es conveniente que revise sus conocimientos. Cada pregunta puede tener varias respuestas correctas.

1. ¿A qué edad vive el perro sus principales fases de aprendizaje?

[a] Durante los primeros dos años.

[b] Durante las primeras 16 semanas.

[c] Durante toda su vida.

2. ¿Cuál de estas expresiones es correcta?

[a] El perro es el eje de la familia.

[b] El perro ha de regirse por las personas.

[c] Si el perro quiere algo, corro a dárselo.

3. ¿Cuáles de estos métodos son adecuados para corregir su comportamiento?

[a] Aguantarlo por el hocico.

[b] Pegarle con un periódico.

[c] Encerrarlo en el sótano.

[d] Ignorarlo.

4. Su perro se asusta de algo que no presenta ningún peligro. ¿Qué deberá hacer usted?

[a] Acariciarlo para que se tranquilice.

[b] Castigarlo y cogerlo por el hocico.

[c] Mostrarse relajado para enseñarle que no hay ningún motivo para asustarse.

5. ¿Cuáles son las formas correctas para premiarlo?

[a] El premio se le ha de dar en el momento preciso y solamente si cumple la orden perfectamente.

[b] Hay que recompensar al perro por cada ejercicio bien realizado.

[c] Con el tiempo se irán dando cada vez menos premios hasta dárselos finalmente sólo de forma ocasional.

[d] Las golosinas se emplean para motivar su comportamiento durante el aprendizaje.

6. ¿Cuáles de estas conductas pueden corregirse ignorando al perro?

[a] El perro pide al lado de la mesa.

[b] El perro persigue a un ciclista.

El cachorro debe aprender que no ha de morder la ropa ni la carne de quien juega con él.

c El perro le salta al verle.

d El perro mordisquea su alfombra persa.

7. ¿Cuáles de estas expresiones son ciertas?

a Las órdenes han de ser imperativas y en voz alta.

b Las órdenes han de ser inflexibles, cortas y claras.

c Las órdenes tienen que ser lo más explícitas posible.

d Hay que emplear el lenguaje corporal para subrayar las órdenes.

8. Para poder mantener una buena relación con el perro es necesario

a Saber lo que quiere con sólo mirarle a los ojos

b Cuidar de que se respeten las reglas establecidas.

c Que todos los miembros de la familia se comporten igual con el perro.

9. ¿Cuáles de estas actuaciones son correctas?

a El perro se niega a sentarse. Pero como usted ya tiene la golosina en la mano, se la da de todos modos.

b El perro sólo viene cuando lo llama por quinta vez. Usted le riñe enfadado.

c El cachorro hace diez minutos que ha defecado en el salón. Usted retira los excrementos sin decirle nada.

10. ¿Cuáles de estas afirmaciones acerca de los cachorros son las correctas?

a El tiempo que pasa con el criador no es importante porque el perro no se entera de nada.

b El cachorro ha de aprender a reconocer todo aquello que luego formará parte de su entorno.

c Dado que el cachorro todavía es muy pequeño le dejaremos dormir en el sofá o sobre nuestra cama.

d El cachorro ha de regirse por las mismas normas que deberá seguir cuando sea adulto.

Soluciones:

1. b → Páginas 12/13
2. b → Página 22
3. a, d → Páginas 20/21
4. c → Páginas 18 y 31
5. a, c → Páginas 18/19
6. a, c → Página 20
7. b, d → Página 23
8. b, c → Página 23
9. c → Página 18
10. b, d → Páginas 12/13

Katharina Schlegl-Kofler

MIS CONSEJOS PERSONALES

Los juegos

Jugar con el perro refuerza mucho la relación entre ambos, pero tenga esto muy en cuenta:

➤ Cuando el perro esté solo deje que juegue solamente con uno o dos objetos.

➤ Saque uno de sus juguetes favoritos (como por ejemplo una pelota con una cuerda) y vuelva a guardarlo después de jugar con él.

➤ Esconda el juguete detrás de usted y excite al perro hablándole para incitarlo a jugar. Mueva el juguete en zigzag o arrástrelo por el suelo como si fuese una posible «presa». Lance el juguete para que el perro lo recoja y se lo devuelva.

➤ Si juegan a tirar del juguete es necesario que usted sea casi siempre el vencedor.

➤ El perro no deberá morderle ni a usted ni a su ropa. Si lo hace, interrumpa el juego inmediatamente e ignórelo o, si es necesario, sujételo por el hocico (ver pág. 20).

Programa de adiestramiento básico

Ha llegado un cachorro

La llegada de un cachorro siempre constituye una pequeña revolución en la vida familiar, hasta el punto de que algunos dueños «primerizos» es fácil que lleguen a sentirse desbordados. Pero si logra superar las primeras semanas y se hace cargo de lo que significa tener un perro en casa verá que todo es más fácil de lo que parecía.

Para que su nuevo amigo le proporcione muchas satisfacciones y pueda sacarlo a la calle sin que moleste ni perjudique a nadie es mejor que desde el primer momento le enseñe a obedecer determinadas órdenes. Pero para lograrlo hay que invertir tiempo, constancia e ilusión. Además, en muchas ocasiones tendrá que actuar de una forma muy concreta y dejando las emociones de lado. Y esto no siempre es fácil.

¡**Cuidado!** El cachorro debe aprender muchas cosas, pero tampoco se trata de agotarlo con doce horas diarias de adiestramiento. Su perrito también necesita tener sus ratos de intimidad y de descanso, y nunca hay que molestarlo cuando esté durmiendo.

Higiene en casa

Para conseguir que el cachorro no se ensucie dentro de casa, lo único realmente útil es observarlo constantemente. En cuanto ve que se agacha o que empieza a girar en círculo, sáquelo inmediatamente al exterior.

Felicítelo y dígale siempre las mismas palabras (por ejemplo «¡Muy bien!» o «¡Qué limpio!») cuando haya hecho sus necesidades en el lugar correcto. Así tardará menos en asimilar lo que se espera de él. También es necesario que lo saque después de despertarse y después de comer, así como durante los juegos.

Para que el cachorro aprenda a no hacer sus necesidades den-

Para el perro, el juego no es solamente una diversión, sino que le ayuda a desarrollar tanto su físico como su capacidad para relacionarse.

Estirarse un rato juntos después de jugar o ir de paseo es algo que refuerza mucho la relación entre el perro y su dueño.

y coger por cualquier parte. Para ello es necesario empezar cuando es un cachorro y explorarle con frecuencia los ojos, la boca, las orejas, las patas, etc. Esto le será de gran utilidad cuando tenga que llevarlo al veterinario. También deberá cepillarlo periódicamente con un cepillo blando o con un guante para masajes.

tro de casa es necesario que duerma cerca de usted para que pueda oírlo por la noche. Lo mejor es que le proporcione un box (de venta en las tiendas de animales) o una cama amplia. Dado que no se ensuciará en su propia cama, cuando sienta necesidad empezará a lloriquear. Por lo tanto, ¡a ponerse la bata y acompañarlo al exterior!

Crear una relación

Es aconsejable que los primeros días pase todo el tiempo que pueda junto al cachorro. El darle de comer, salir a pasear, acariciarlo y jugar con él son cosas básicas para establecer una buena relación. También es el momento de empezar a educarlo y marcarle cuáles son sus límites. Sin embargo, tampoco es bue-

no que el cachorro le siga siempre como su sombra. No hay que dejar que entre en el cuarto de baño ni que baje al sótano.

Mi consejo: Acostumbre al cachorro a que durante el día también permanezca a veces en su cesto o nido a base de darle de comer ahí y colocarle su mantita. Podrá dejarlo en ese lugar cuando no tenga tiempo para estar con él o cuando vea que no se tranquiliza (por ejemplo, si los niños no quieren dejar de jugar con él). Así aprenderá también a mantener una cierta distancia respecto a usted, lo cual le será muy útil para cuando deba quedarse solo.

Dejarse tocar

Le recomiendo que acostumbre a su perro a dejarse tocar

31

Para potenciar su sumisión es conveniente que de vez en cuando eche suavemente al perro de espaldas al suelo y lo mantenga en esta posición. Solamente deberá levantarse cuando usted se lo ordene.

> ¡Que paseo tan largo! ¡Ha sido realmente agotador!

Los primeros paseos

Hacer cosas juntos es algo que une mucho. Propóngale cosas divertidas a su cachorro durante los paseos.

➤ Emplee golosinas o su juguete favorito para animarlo a subirse a algún tronco caído u otro pequeño obstáculo.

➤ Acompáñelo a vadear un arroyo o un charco grande.

➤ Escóndase de vez en cuando y muestre una gran alegría cada vez que el cachorro consiga encontrarlo, tanto si lo hace por sí solo como si usted le ayuda llamándolo.

Siempre que sea posible, deje que el cachorro corra libremente. Cuanto más joven sea, más fuerte será su instinto de seguirle. Si ve que no le hace mucho caso, cambie de dirección sin indicárselo previamente. Paseando por lugares que le sean desconocidos logrará que el cachorro se fije mucho más en lo que usted hace.

Acostumbrarlo al mundo que lo rodea

Es recomendable que en las siguientes semanas empiece a acostumbrar al cachorro a todo tipo de sonidos y lugares (ver pág. 12). Expóngalo a estos estímulos varias veces a la semana, pero no durante demasiado rato. Si tiene miedo de algo, muéstrese tranquilo y anímelo a investigar el objeto que le asusta. Nunca deberá acariciarlo o abrazarlo para que se tranquilice porque lo único que conseguiría es potenciar sus temores. También puede ser muy útil visitar al veterinario solamente para que lo conozca sin que tenga que hacerle nada. Si lleva el cachorro a un restaurante o a casa de algunos amigos, lleve también su mantita para que se sienta a gusto a pesar de estar en un lugar que le es desconocido.

Juegos en grupo para cachorros

Para que pueda aprender a comunicarse con los suyos, es necesario que al salir del criadero

> *Agáchese y llámelo con una voz simpática y agradable, seguro que el cachorro correrá hacia usted.*

el cachorro siga teniendo la oportunidad de estar con otros perros. El mejor momento para incorporarlo a un grupo de cachorros es entre la 9ª y la 16ª semana de edad. Hay grupos de aficionados a los perros que organizan reuniones para que sus cachorros jueguen juntos. Su veterinario o su comercio habitual es probable que le puedan dar los datos de alguno. En el recuadro de la derecha encontrará las características que ha de reunir un grupo de cachorros ideal.

Primeros ejercicios de obediencia

Para que pueda llegar a ser un perro obediente es necesario empezar a enseñarle algunas órdenes mientras aún sea un cachorro y esté en edad de aprender.

Empiece el adiestramiento cuando su perrito ya lleve un par de días con usted. Con una buena motivación, el cachorro aprenderá rápidamente a venir cuando lo llame (ver págs. 34 y 35), así como las órdenes de «sentado» y «echado»(ver págs. 36 y 37). En cuanto crezca un poco más también podrá incluir en su adiestramiento los primeros ejercicios de «suelta» (ver pág. 42) y «quieto» (ver págs. 38 y 39).

A los cachorros es suficiente con entrenarlos durante unos pocos minutos tres veces al día porque no son capaces de concentrarse durante más tiempo (ver pág. 64).

RECUERDE

Grupos de juego para cachorros

Si desea incluir su cachorro en un grupo con otros perritos de su edad tenga esto muy en cuenta:

✔ Los cachorros no deberán tener más de 16 semanas.

✔ Lo ideal es que sean de distintas razas.

✔ El grupo no incluirá a más de 8 cachorros con sus respectivos dueños.

✔ Lo importante es que jueguen juntos, que inicien relaciones y que afronten nuevas experiencias.

✔ Al estar muy motivados pueden iniciarse los primeros ejercicios de obediencia.

✔ El director del grupo también puede proporcionarnos muchos conocimientos teóricos.

33

Ejercicios básicos

Cuando el perro domine los siguientes ejercicios ya será posible evitar la mayoría de las situaciones desagradables que pueden llegar a producirse en la vida cotidiana. A menos que se indique lo contrario, los ejercicios son adecuados tanto para cachorros como para perros adultos. Pero lo importante es empezar a practicarlos cuando el perro sea aún muy joven.

Acudir cuando se le llama, con voz o con silbato

Objetivo: El perro acude inmediatamente la primera vez que se le llama, se muestra feliz, se sienta y, cuando se le da la orden, se coloca al lado de su dueño.

Orden acústica: Gritar «¡Ven!» o dar un pitido largo.

Ayudas: Golosinas durante los primeros meses, silbato, una correa larga.

Primera fase: Realice el ejercicio según la tabla de la página 35. Cuando el perro llegue hasta usted, dele inmediatamente su premio, acarícielo y felicítelo. Ahora no deberá irse, pero no lo sujete por el collar. Después de acariciarlo, póngale la correa o deje que vuelva a irse. Si el perro tiende a no llegar hasta usted o a pasar de largo, en cuanto sea un poco mayor puede ponerle una correa larga (ver pág. 45).

Segunda fase: Cuando vea que el perro siempre acude feliz en cuanto lo llama, empiece a hacer que se siente al llegar. Así se concentrará más en usted. Esto funciona así: mantenga la golosina en la mano y golpéese el vientre con las manos a la vez que camina hacia atrás y llama al perro. En cuanto el perro esté muy cerca de usted, haga que se siente. Dele la golosina y espere un momento. Dele la orden de «caminar» para que se ponga a su lado y deje de estar sentado.

A tener en cuenta: Durante la realización de este ejercicio, el perro, y más aún el cachorro, nunca debe tener la oportunidad de poder ignorar lo que se le ordena. Por lo tanto, recomiendo que durante las primeras semanas solamente realice este ejercicio cuando no hayan distracciones y el perro esté completamente bajo control (ver tabla de la página 35). Al principio esto solamente sucederá a las horas de las comidas. Cuando usted esté preparando la comida es necesario que el cachorro permanezca en otra

Bien sentado: delante de usted, muy cerca y totalmente atento a lo que le dice.

habitación con otra persona para que no acuda antes de hora.

Éstos son algunos trucos útiles para cuando el perro todavía no es del todo obediente:

➤ Cuando estén al aire libre no lo llame de viva voz; capte su atención aplaudiendo con las manos o mostrándole su juguete favorito.

➤ Corra en sentido contrario.

➤ ¡Nunca espere a su perro ni corra detrás de él!

➤ Llame al perro solamente cuando esté corriendo o senta-

Llame al perro con claridad y quédese quieto cuando se le acerque.

Programa de ejercicios para que acuda a la llamada de voz o silbato

(entrenar dentro de casa, sin distracciones, durante más de tres semanas; continuar luego al aire libre)

¿Cuándo llamarlo?	¿Durante cuánto tiempo?	¿Con qué frecuencia?
Llame al perro cuando esté lista su comida. Si viene, felicítelo y dele de comer.	Aproximadamente una semana.	En cada comida. 4-5 veces al día.
Cuando el perro tenga hambre, llámelo aunque no sea la hora de comer, pero siempre dentro de casa. Si viene, dele una golosina.	Aproximadamente una semana.	Varias veces al día, además de las horas de las comidas.
Llame al perro cuando tenga hambre y esté en el jardín. Dele un buen premio.	Por lo menos una semana.	Varias veces al día, además de las horas de las comidas.
Al ir de paseo (por lugares que no conozca), deje suelto al perro. En cuanto se haya alejado dos o tres metros, llámelo con la voz o el silbato.	Hasta varias semanas, en función de la forma en que progrese el perro.	Varias veces durante cada paseo.
Si el perro no le presta mucha atención, póngale una correa larga (ver pág. 45).		
Con el tiempo, dele la orden cada vez antes de que el perro vaya hacia usted, hasta que consiga que venga inmediatamente al oír la llamada.		

do, pero nunca si está echado.

➤ Felicite al perro siempre que acuda, independientemente de lo que haya sucedido antes.

«Siéntate»

Objetivo: El perro se sienta en cuanto oye la orden o ve la señal y permanece sentado tranquilamente a su lado.

Orden vocal: «¡Siéntate!».

Orden visual: Dedo índice levantado.

Ayudas: Correa, golosinas.

Primera fase: Mantenga el perro sujeto con la correa pero sin tensarla. Sostenga una golosina por encima de su cabeza. Intentará cogerla, pero no se la dé. Al final, se sentirá frustrado por sus inútiles intentos y se sentará para poder verla mejor. Exactamente ése es el momento en que ha de darle la orden de sentarse y premiarlo con la golosina. Mientras permanece sentado, rásquele cariñosamente el pecho y repita la orden un par de veces más. Al cabo de poco rato (al principio solamente hay que esperar unos segundos) deje que vuelva a levantarse.

Segunda fase: Dele cada vez más importancia al hecho de que al decirle «¡Siéntate!» se siente a su lado, y concretamente al lado en que quiere tenerlo cuando vayan de paseo. Llévelo hacia el lado deseado poniéndole una golosina cerca de la nariz y moviéndola como si fuese una correa invisible. Dele la orden de sentarse. Cuando obedezca, acaríciele el pecho suavemente. Si se sienta al lado izquierdo, póngale el brazo izquierdo sobre su hombro izquierdo y acaríciele el pecho para que se sienta a gusto. Cuando consiga que se quede quieto, suprima progresivamente las caricias y aumente el tiempo de permanencia en esta posición. Al cabo de poco tiempo deberá ser capaz de permanecer sentado durante un par de minutos.

El cachorro se sienta inmediatamente en espera de recibir su golosina.

1 «Échate» – el principio

Parta de la posición de sentado, mantenga una golosina delante de la trufa del perro (es mejor que esté un poco hambriento) y desplácela hacia delante de la forma descrita en el texto. En la fotografía se aprecia un error muy frecuente: si la golosina está demasiado lejos del perro, lo más probable es que éste se levante y la coja.

2 «Échate» – el objetivo

Desplace la golosina hacia delante y a ras de suelo. El perro la seguirá para intentar atraparla. Désela en cuanto quede echado y pronuncie en ese momento la orden de echarse, por ejemplo «¡Échate!». Pero dele el premio sólo si se echa correctamente.

«Échate»

Objetivo: El perro deberá echarse en cuanto oiga la orden una sola vez.

Orden vocal: «¡Échate!».

Orden visual: Movimiento de la mano arriba y abajo.

Ayudas: Correa, golosinas.

Primera fase: Empiece con este ejercicio en cuanto el perro domine el de sentarse. Haga que el perro se siente a su lado y arrodíllese. Mantenga una golosina ante la trufa de su alumno. Muévala lentamente hacia el suelo y desplácela hacia delante. Se echará para cogerla. Mientras se la come, acaríciele cariñosamente el lomo. Repita un par de veces la orden para que el perro aprenda a relacionar lo que está haciendo con lo que oye. Al cabo de unos segundos, y antes de que se levante, muéstrele otra golosina para hacer que vuelva a sentarse.

Segunda fase: Cuando el perro ya haya aprendido a obedecer la orden de echarse, deje de acariciarlo mientras esté echado y permanezca usted erguido. Ahora el perro ya no recibirá una golosina cada vez que se eche, sino solamente cuando permanezca mucho rato echado a su lado. Y aun así, cada vez habrá que ir espaciando más las golosinas.

Antes de dejar que su alumno abandone este ejercicio es necesario que siempre haga que se siente durante un momento.

«Quieto»

«Objetivo»: El perro ha de aprender a quedarse solo y sentado o echado en un determinado lugar.

Orden vocal: «¡Quieto!».

Orden visual: Ponga la mano ante la cara del perro antes de alejarse de él.

Ayudas: Correa.

Primera fase: El perro está sujeto con la correa y permanece sentado o echado a su lado. Dígale ahora «¡quieto!» y mantenga por un momento la palma de la mano ante su cara. Aléjese dos o tres pasos manteniendo floja la correa. Manténgase un momento quieto delante del perro y regrese hacia él hasta volver a la posición de partida. Felicítelo.

Cuando haya entrenado bien el ejercicio de «quieto» estando echado, el perro se mantendrá en esta posición incluso después de que usted haya vuelto y solamente la abandonará cuando le deje sentarse.

Segunda fase: Sepárese cada vez más del perro y esté más tiempo apartado de él, pero siguiendo la misma rutina que hemos visto anteriormente. Alargue la correa. Si el perro se queda quieto sentado o echado, empiece a caminar delante de él dejando que la correa cuelgue por completo. Si sigue quieto, deje la correa en el suelo estirada en línea recta por delante del perro. Aumente progresivamente su separación del perro y pasee más rato por delante de él. Si se levanta, coja inmediatamente la correa.

Tercera fase: Ahora ya puede empezar a caminar alrededor del perro. Vaya describiendo círculos cada vez mayores. El ejercicio se complica si en el círculo se interpone un matorral, porque el perro va a perderle de vista durante unos momentos. Si sale bien, vuelva a hacerlo y quédese esta vez medio minuto escondido detrás del matorral antes de seguir caminando.

A tener en cuenta: Para realizar este ejercicio es necesario que su perro tenga por lo

Con el adiestramiento adecuado, el perro puede aprender a permanecer quieto y sentado en cualquier lugar.

menos tres meses y medio o cuatro y que ya sea capaz de permanecer algunos minutos sentado o echado a su lado.

➤ Al principio es mejor practicar cuando el perro ya haya hecho previamente algo de ejercicio y esté un poco cansado.

➤ Al darle la orden de «¡Quieto!» emplee un tono de voz calmado.

➤ Si el perro realiza el ejercicio correctamente, no le diga nada más mientras esté alejado de él. Pero corríjalo si empieza a «reptar», aunque solamente sean unos pocos centímetros.

➤ Si le parece que el perro está a punto de levantarse, ¡no lo llame por su nombre! Lo único que conseguiría es que se levantase en el acto. En este caso limítese a repetirle la orden.

➤ Tenga en cuenta que cuando el perro esté echado no hay que darle ninguna orden para que se levante, sino que hay que ir a buscarlo. Así aprenderá a permanecer echado y relajado hasta que su dueño lo recoja, independientemente de lo que pueda oír.

➤ Con el tiempo deberá aprender a quedarse quieto aunque estemos mucho rato fuera de su campo visual.

«Quieto sentado»

Este ejercicio hay que iniciarlo con el perro perfectamente sentado a su lado, de esta forma entenderá que «quieto» es algo distinto a la posición de partida.

La forma sencilla

Al principio, aléjese poco del perro y durante poco tiempo. Cuando se acostumbre a ello, aumente progresivamente la distancia y el tiempo. Tenga en cuenta que la correa ha de estar siempre floja.

Un poco más difícil

Ahora el perro aprende a quedarse quieto aunque usted vaya de un lado a otro delante de él. Aumente progresivamente la distancia y la duración del ejercicio. Siga cuidando de que la correa no se tense.

Dar vueltas

Empiece a caminar dando vueltas alrededor del perro. Aumente progresivamente el radio de su trayectoria. Practique en distintos lugares.

La maestría se adquiere con la práctica

Para obtener buenos resultados en los siguientes ejercicios hace falta entrenar con paciencia y perseverancia. Va a tener que poner mucha ilusión y mucha constancia.

> Con una buena motivación, el cachorro aprende rápidamente a caminar a su lado.

La correa

Este ejercicio consiste en lograr que el perro camine a su lado con la correa floja. Para que el perro llegue a aprenderlo es necesario que nunca consiga nada al tirar de la correa. ¡No deje que le lleve hacia donde él quiere!

Objetivo: El perro camina a su lado con la correa floja.
Orden vocal: «¡Despacio!».
Ayuda: Correa.

1ª variante: En cuanto el perro tense la correa, quédese quieto sin decir nada. Cuando el perro vuelva a su lado y se afloje la correa, reanude la marcha y dele la orden. Si se vuelve a tensar la correa, vuelva a detenerse. Aunque solamente haya avanzado tres pasos.

2ª variante (para perros de más de cinco meses): Si desea que el ejercicio sea más activo, gírese bruscamente en el momento en que se tense la correa y empiece a caminar en sentido opuesto. En cuanto se afloje la correa, vuelva a caminar en el sentido inicial. Si se vuelve a tensar, repita el jueguecito.

Caminar «al lado»

Objetivo: El perro camina a su lado con la cabeza a la altura de su pierna.
Orden vocal: «¡Al lado!».
Ayudas: Correa, golosinas.

Primera fase: Elija el lado al que quiere llevar al perro. Decida usted si prefiere que el perro vaya a su derecha o a su izquierda, pero luego manténgalo siempre en el mismo lado.

Segunda fase: Haga que el perro se siente a su lado. Si, por ejemplo, va a llevarlo a la izquierda, lleve una pequeña golosina en su mano izquierda. Sujete la correa con la mano derecha de manera que quede un poco colgante. Deje que el perro se dé cuenta de que tiene una golosina y apóyese la mano sobre el muslo. Si su perro aún no sabe sentarse bien, al principio también puede estar levantado.

Tercera fase: Cuando el perro se concentre en la golosina, empiece a caminar. El perro olfateará y lamerá mientras caminan, pero conserve la golosina en la mano. Si el perro camina junto a usted y no se distrae, repítale la orden varias veces. Al principio, y especialmente si es un cachorro, camine solamente unos metros. Luego dele la golosina. Si ya sabe obedecer la orden de «sentado», haga que se siente antes de darle el premio. Aumente progresivamente la distancia y efectúe recorridos en círculo o de trazado irregular.

A tener en cuenta: Si el perro no se deja motivar ni estando un poco hambriento, pruebe con su juguete favorito. Si sigue sin reaccionar, emplee un arnés de cabeza (no con los cachorros). El cambio brusco de sentido (ver pág. anterior) también es otra variante de este ejercicio. Pero tenga en cuenta que deberá invertir la marcha cada vez que el perro tire de la correa. También puede influir en el perro si camina describiendo un círculo pequeño; si el perro corre hacia dentro, usted lo adelantará y lo dejará atrás.

Señal de final de ejercicio

Cuando quiera dar por finalizado el ejercicio y soltar al perro, hágaselo entender con la orden de «¡Corre!» y combínela con un gesto adecuado.

Ejemplo: Su perro va con la correa y ahora lo dejará correr libremente. Haga que se

Una vez suelta la correa, el perro espera la orden de echar a correr libremente.

siente y líbrelo de la correa. Pero deberá permanecer sentado hasta que usted lo «libere» con la orden oportuna. Al principio puede ser necesario sujetarlo por el collar para que no eche a correr inmediatamente.

El arnés de cabeza

Casos en los que puede ser de utilidad:
✔ si el perro tira mucho de la correa,
✔ si no presta atención,
✔ si se muestra agresivo cuando va de la correa.

Funciona así:
✔ le hace orientar la mirada hacia su dueño,
✔ simula la sujeción del hocico.

Así puede acostumbrar al perro a llevarlo:
✔ póngaselo mientras le dé de comer o mientras esté jugando con él,
✔ sujételo por el arnés cuando ya lo tolere perfectamente.

Otros ejercicios fundamentales

Los siguientes ejercicios también son muy importantes para la convivencia diaria con el perro.

Soltar

Por su propia seguridad, y también como muestra de sumisión, es necesario que su perro suelte cualquier cosa que lleve en la boca cuando

Si lo sujeta por el hocico, el perro también dejará que le quite su juguete.

reciba la orden de hacerlo. Y esto es algo que tiene que aprenderlo de pequeño, pero la forma de conseguirlo dependerá de sus circunstancias y de la personalidad del perro. Permanezca tranquilo y obre con firmeza. La orden a emplear suele ser «¡Suelta!». Veamos un par de ejemplos:

Juegos de recoger: Usted lanza una pelota. El perro la trae pero no la quiere soltar. Si ahora usted le ofrece una segunda pelota, seguro que soltará la primera.

Jugando a tirar de la cuerda: Es conveniente que al final del juego sea usted el vencedor. Si el perro no quiere soltar la cuerda, cójalo por la parte superior del hocico y oprima lateralmente hacia los caninos superiores. Si el perro suelta su presa, felicítelo y dele una golosina.

Comida, hueso para mascar, etc.: De vez en cuando, quítele el comedero al cachorro mientras esté comiendo. Si tiene un hueso para morder o algún juguete similar, quíteselo también de la boca. Si es necesario, sujételo por el hocico para hacer que obedezca. Cuando lo haya soltado, dele un pequeño premio o devuélvale el juguete. No se preocupe si el pequeño le gruñe un poco. De todos modos, si el que le gruñe es un perro adulto es mejor que consulte lo antes posible a un especialista en comportamiento canino.

Porquerías: Si su perro lleva alguna porquería en la boca, acérquesele tranquilamente pero sin dirigirse directamente hacia él. Dese la vuelta

RECUERDE

Cuidar de que el ejercicio se realice con precisión

Para que durante el ejercicio el perro le preste atención a usted y no mire hacia otro lado es necesario que actúe de forma muy precisa. Por ejemplo:

➤ deberá sentarse paralelo a usted y no en diagonal,

➤ cuando le ordene sentarse se sentará en el lugar en el que está y no cambiará de sitio,

➤ acudirá inmediatamente cuando usted le llame.

Cuanto más firme se muestre usted, antes aceptará el perro sus normas.

> *Si lo deja solo demasiado pronto y el perro tiene miedo (portazos, ruidos extraños, etc.) es posible que más tarde empiecen a surgir problemas.*

cuando ya esté a su lado. Para quitarle lo que lleva en la boca (rata muerta, o cosa similar), sujételo por el hocico o cámbieselo por una golosina o por uno de sus juguetes favoritos.

Quedarse solo

En este caso es aconsejable no darle mucha importancia al hecho de irse ni al de volver a casa. No regrese nunca junto al perro si ladra o lloriquea.
Primera fase: El cachorro ha de aprender a tolerar una cierta distancia dentro de casa, es decir, que cuando esté cansado deberá irse a su manta o a su caja en vez de dormirse sobre los pies de su amo. Si no lo hace por sí solo, deberá acostumbrarlo con un box (ver pág. 31).
Segunda fase: A partir de la edad de cuatro meses, salga usted de casa de vez en cuando durante un par de minutos, a ser posible, cuando el perro esté un poco cansado. Alargue progresivamente estas ausencias. A la edad de seis meses, el perro ya podrá quedarse solo en casa durante dos o tres horas. Más adelante, en caso necesario podrá llegar a estar hasta seis horas solo.

RECUERDE

Cursos de adiestramiento

Detalles que caracterizan un buen curso:

✔ El grupo estará formado por un máximo de seis a ocho equipos con un nivel similar.

✔ Los ejercicios prácticos se complementan con muchas clases teóricas.

✔ El director de curso se rige por las técnicas de adiestramiento más modernas (ver págs. 14/15).

✔ No se emplean collares estranguladores ni de castigo.

✔ El director de curso conoce las características específicas de muchas razas de perros y las tiene en cuenta durante el adiestramiento.

Cuestiones acerca del adiestramiento

¿He de reñir al perro si deja caer unas gotas de orina cuando viene a saludarme?

No, esta secreción de orina es solamente una muestra de sumisión. No le haga mucho caso y lo más probable es que deje de hacerlo en cuestión de unas semanas.

¿Siempre tiene que haber comida en el comedero?

No, porque en la naturaleza tampoco hay nunca un comedero lleno. Usted es el «jefe», y si su perro está sano, dele de comer a horas fijas. Retire lo que no haya consumido en diez minutos. En la próxima comida seguro que volverá a tener apetito. Si se preocupa demasiado por el perro a la hora de darle de comer, se volverá maniático y se dará cuenta de que su comportamiento hace que usted se ocupe aún más de él

¿Cuánto rato puedo sacar al cachorro de paseo?

Hasta la edad de 16 semanas tiene que caminar de 3 a 4 veces al día durante 20 minutos. Los cachorros muy pequeños han de caminar menos. Hasta la edad de medio año deben caminar media hora de un tirón, y a la edad de un año ya pueden caminar una hora. Las razas de gran tamaño tienen más problemas de tendones y articulaciones que las pequeñas. Por lo tanto, asegúrese de que el perro juegue mucho con usted y con otros perros. Así se ejercitará a fondo y fortalecerá sus órganos y su musculatura. Cuide de que sus compañeros de juegos sean de un tamaño y peso similares a los de su perro.

¿Por qué a los cachorros no les gusta mucho salir de casa?

Los cachorros se sienten muy ligados a su entorno. La casa viene a ser algo así como su «guarida» en la que pueden ponerse a salvo en caso de peligro. Cuanto más joven sea el perro, más marcado tendrá este instinto.

¿Puedo mantener a mi perro en el exterior?

El perro es un animal gregario, por lo que si lo mantenemos aislado en un jardín o en un patio le estaremos haciendo un triste favor. El perro no obtendrá nada de la vida familiar y tampoco podrá desa-

Motivación pasiva: el perro sólo llegará hasta la golosina si se echa y pasa por debajo de la pierna.

rrollar una relación con las personas con las que convive. Y sin relación es imposible llevar a cabo un adiestramiento como el que se describe en este libro. Una vida tan aislada puede causar muchos problemas y ser incluso motivo de agresividad.

¿Son útiles las correas extensibles y los arneses?

Ambos accesorios son muy poco recomendables. Con la correa extensible el perro no aprende a fijarse dónde está usted. Además, se da cuenta de que estirando puede llegar a donde quiera. El arnés también permite que el perro pueda ejercer toda su fuerza hacia delante, y el problema es que la correa se sujeta a la altura del dorso y siempre en el mismo lugar, cosa que no sucede con el collar. Esto hace que sea más difícil orientar y dominar al perro.

¿No es suficiente con conseguir que si el perro está fuera venga cuando lo llamemos por su nombre?

Si el perro no tiene que mostrar obediencia en los demás casos, o solamente un poco –por ejemplo, si nos es igual que al decirle «¡Échate!» se eche o se siente, o que al decir-

le «¡Quieto!» se levante o repte–, entonces, ¿por qué tendría que obedecer una orden determinada justo en el momento en que acaba de encontrar algo interesantísimo? Para que el perro pueda mostrarse obediente hasta en las circunstancias más difíciles es necesario adiestrarlo de forma sistemática, establecer un orden jerárquico inflexible y que sepa cumplir con precisión todas las órdenes que le demos.

Mi perro no se echa. ¿Qué puedo hacer?

En este caso puede ser muy eficaz aplicar un método pasivo, es decir, entrenar a su perro de forma que sólo pueda alcanzar la golosina si se echa. Puede poner la golosina debajo de una silla, debajo de una mesita o de forma que tenga que pasar bajo su pierna (vea la foto de la izquierda).

¿Recibe el perro las golosinas de premio además de su comida habitual?

No. Para que el perro esté un poco hambriento al realizar los ejercicios, y para evitar que engorde, es preciso disminuir sus raciones de comida en función de las golosinas que le hayamos dado, o incluso prescindir de una de las comidas del día.

MIS CONSEJOS PERSONALES

Katharina Schlegl-Kofler

Utilidad de la correa larga

Es útil emplear una correa de cinco metros si el perro no viene cuando le llama, si no se acerca lo suficiente o si tiene tendencia a apartarse demasiado de usted.

➤ El perro arrastra la correa por el suelo, o usted la sujeta por el extremo. No tiene que llegar a tensarse.

➤ Perros muy jóvenes: Cuando lo llame, tire de la correa o quédese quieto y manténgala sujeta. Cuando se tense, el perro notará un tirón.

➤ Perros «adolescentes» o adultos: Sujete la correa con la mano, y váyase. En cuanto el perro empiece a tirar de ella, póngase a caminar en sentido contrario.

➤ Acaricie amistosamente al perro en cuanto se ponga a su lado.

➤ Emplee esta correa hasta que el perro aprenda a obedecer sin necesidad de tirar de ella.

45

Programa de adiestramiento para la vida cotidiana

Encuentros con otras personas

El objetivo del adiestramiento es conseguir que el perro obedezca en cualquier situación de la vida cotidiana. Por este motivo es muy conveniente trasladar progresivamente a la vida cotidiana los ejercicios que su perro haya aprendido a solas con usted o participando en un curso de adiestramiento. A continuación verá cuál es la mejor forma de comportarse ante cada situación.

Corredores, ciclistas y demás

A la mayoría de los perros les encanta perseguir todo lo que se mueve. Para evitar problemas en el futuro, es aconsejable empezar frenando este instinto ya desde que es cachorro. Pero, como veremos a continuación, también es posible educar a un perro adulto.

En cuanto aparezca un ciclista, un patinador o cualquier otro deportista, llame inmediatamente a su perro con voz enérgica. Pero hágalo a tiempo, es decir, no espere a que el ciclista esté tan cerca que ya sea imposible contener al perro. Ordénele que se siente y atraiga usted su atención con una golosina o con un juguete. Lo importante es que el perro esté realmente concentrado en lo que usted hace y no que permanezca a su lado tirando de la correa con todas sus fuerzas obsesionado por el ciclista. Cuando la «presa» haya desaparecido, el perro recibirá su golosina y podrá volver a correr libremente, también puede lanzarle un juguete en el sentido opuesto al de su «presa». Si el perro no obedece a la llamada, emplee la correa larga (ver pág. 45). Si sigue sin hacer caso puede ser necesario emplear el arnés de cabeza (ver pág. 41).

ver pág. 45, ver pág. 41

El perro permanece atento a su dueña mientras la corredora pasa de largo.

Paseos de aclimatación: Para «pulir» situaciones imprevistas suele ser muy útil hacer que el perro se acostumbre a ver gente que se mueva con rapidez. En este tipo de «excursiones de aclimatación» hay que llevarlo siempre con correa para poderlo controlar.

➤ Lleve a su perro con frecuencia a una pista de patinaje o lugar similar y efectúe allí algunos de los ejercicios de obediencia.

➤ Llévelo a pasear por algún camino en el que sepa que va a encontrar ciclistas, corredores, jinetes, etc. Lleve alguna golosina para llamar su atención cuando sea necesario, pero asegúrese de que está un poco hambriento antes de salir de casa.

Perros muy bien educados: mientras sus dueñas se detienen para charlar un rato, ellos se sientan tranquilamente a su lado.

Otros paseantes

No a todo el mundo le gustan los perros. Algunas personas les tienen miedo, especialmente los niños. Respete siempre a los demás y téngalos siempre en cuenta. Si alguien tiene miedo de su perro, llámelo inmediatamente y llévelo a su lado hasta que la persona se haya alejado, aunque no vaya a pasar nada. Si usted se encuentra a alguien por el camino y le apetece charlar un poco, haga que su perro permanezca sentado o echado a su lado. Siempre hay que llevar el perro atado cuando se pasa cerca de colegios, guarderías, parques infantiles, etc.

Cuando hay mucha gente

Cualquier perro que salga a la calle deberá saber comportarse correctamente en lugares en los que haya mucha gente. No siempre es posible evitar que alguien se acerque al perro o que lo empuje involuntariamente. El perro no deberá sentirse agredido ni morder lo primero que encuentre. La fase de socialización (ver págs. 12 /13) es el momento crucial para acostumbrarlo a la presencia humana en las situaciones más diversas. Cuando ya domine algunos ejercicios de obediencia es aconsejable hacérselos repetir en zonas muy frecuentadas. Al principio puede entrenar delante de algún pequeño comercio en el que no haya mucha gente. Luego puede continuar en el aparcamiento de un supermercado y finalmente puede concluir el entrenamiento en una zona peatonal o en un centro comercial. Así el perro aprende progresivamente a obedecer entre la gente.

Encuentros con otros perros

Así como es necesario que el perro se relacione frecuentemente con los de su especie, también ha de aprender a ignorar a los demás perros cuando lo saquemos a pasear. Para conseguirlo, lo que tiene que hacer es impedirle tener ningún contacto con otros perros cuando lo lleve con la correa. Si se acostumbra a olfatear a todos los perros que encuentre en su camino, si un día ve a otro perro al otro lado de la zona peatonal es posible que le arrastre en diagonal a través de todos los transeúntes para ir a olfatear a su congénere. Además, es fácil que se produzcan enfrentamientos entre perros atados porque se sienten reprimidos o se creen más fuertes.

Si se encuentra con un perro con el que usted le deja jugar, suéltele la correa. Si se enredasen los collares y las correas los perros podrían llegar a asustarse mucho.

Le aconsejo que no suelte a su perro cuando tire de la correa gimiendo. Es mejor que primero lo haga sentar y luego le dé la orden de irse (ver pág. 41).

Conocerse

Siempre es mejor dejar que los perros se conozcan sin estar atados. Así ninguno de ellos se sentirá apoyado por su dueño. Es importante soltarlos a tiempo y no esperar a que se gruñan mutuamente estando sujetos por las correas.

➤ Si no se caen bien, lo más habitual es que cada uno siga su camino.

➤ Si no tenemos muy claro si van a empezar a jugar o se van a pelear, lo mejor será que sus dueños no se pongan nerviosos, que se pongan a caminar

> Todos los perros deberían aprender a ignorar a sus congéneres y a las personas cuando van sujetos con la correa.

> *Si los perros no están atados, sus enfrentamientos suelen ser amistosos. Estos dos llevan un buen rato jugando.*

sear juntos o se encuentran por casualidad. En estos casos vale la pena aprovechar la ocasión para realizar juntos algunos ejercicios. Practique antes de dejar que los perros jueguen por su cuenta, o entre los juegos. Así el perro aprende que la presencia de otros perros no significa solamente juego, sino que va a tener que seguir obedeciendo órdenes.

en sentidos opuestos y que llamen a sus perros.

➤ Lo peor es si uno de ellos está atado y otro no. En este caso, lo mejor que puede hacer es atar o soltar también a su perro para que ambos estén en igualdad de condiciones.

Enfrentamientos

Si se produce una verdadera pelea, lo cual es bastante raro, lo primero que hay que hacer es conservar la calma. Gritar y pegar a los perros no hará más que complicar la situación. No intervenga en la pelea, pues los perros no se fijan en dónde muerden. En caso necesario, un chorro de agua puede ayudar a separar a los contendientes. Los dueños de los perros también pueden in-

tentar separarlos tirando cada uno de las patas traseras de su perro, pero hay que actuar simultáneamente.

Prevención de la pelea: Si observa detenidamente a su perro no tardará en reconocer cuándo se muestra agresivo.

➤ *Intimidación:* El perro eriza el pelo del lomo y estira sus extremidades para parecer más grande. También levanta la cola y orienta sus orejas hacia delante.

➤ *Amenaza:* Después de intimidar, el perro enseña los dientes e inclina las orejas hacia atrás. La cola está aún más levantada.

Paseos de entrenamiento

Muchos propietarios de perros suelen quedar para pa-

51

Reprimir su instinto cazador

Todos los perros tienen instinto de caza, más o menos desarrollado según las razas. Aunque su naturaleza le impulse a hacerlo, no hay que dejarle cazar nada. Podría ser abatido por un guarda o correr cualquier otro peligro. Además, haría que los animales silvestres sufriesen inútil-

> *Este perro ha olfateado algo. Ha llegado el momento de llamarlo.*

mente un ataque de pánico. En las reservas naturales y en los lugares con mucha fauna es imprescindible llevar al perro siempre atado

La pasión por la caza

La caza es una actividad gratificante por sí misma. Es decir, que el perro se divierte aunque no logre cazar nada. Pero si alguna vez logra capturar una presa, entonces la caza se vuelve mucho más apasionante para él. Por este motivo es tan importante empezar a educarlo desde pequeño. Aunque nos parezca muy simpático y patoso y no consiga capturar nunca nada, hay que impedir que se dedique a perseguir ratones o a asustar a los pájaros.

Y lo mismo puede decirse de los perros de más edad. Si surge esta situación, atraiga inmediatamente la atención del

perro con voces y gestos y empiece a correr en sentido opuesto. Cuando llegue a su lado, acarícielo con cariño, ordénele que se siente y átele la correa. Si le cuesta hacerlo obedecer es conveniente que emplee la correa larga (ver pág. 45). Para que el perro obedezca en semejantes situaciones es necesario que usted sepa reaccionar adecuadamente y que realice frecuentemente ejercicios de obediencia con su perro

Aprenda a reconocer el instinto de caza

Cuando el perro olfatea, oye o ve a una posible presa muestra un comportamiento

(ver pág. 45)

SUGERENCIA

Cuando la caza se convierte en un problema

Si su perro ya ha capturado algunas presas, se enfrenta usted a un problema bastante serio. Mi consejo es que contacte lo antes posible con un experto que domine las técnicas modernas de adiestramiento canino. Si con estos métodos tampoco consigue obtener ningún éxito, la única posibilidad que le queda es la de emplear un dispositivo electrónico con mando a distancia para frenar al perro (solamente bajo supervisión de un experto). Éste es el único caso en el que yo me atrevería a aconsejar uno de estos aparatos

> *Siempre es útil que el perro haya aprendido a respetar a los otros animales. Así tolerará perfectamente situaciones como ésta.*

muy característico. Rastrea el suelo a fondo o se queda absolutamente quieto olfateando el aire. Es en estas fases iniciales de la caza cuando es posible desviar su atención hacia otros asuntos. Una vez que se lance a la carrera ya será casi imposible frenarlo. Cuando lo lleve de paseo fíjese bien en su forma de comportarse, especialmente si es de una raza cazadora, y llámelo a tiempo para que vuelva junto a usted.

Entrenamientos bajo control: Si conoce a alguien que tenga gallinas, patos, conejos y otros animales de corral en semilibertad pregúntele si le dejaría llevar de vez en cuando a su perro (con correa) para entrenarlo allí. Así el perro aprendería a ignorar la presencia y el olor de los animales sueltos. Si es necesario, refuerce los ejercicios de obediencia empleando golosinas o incluso recurriendo al arnés de cabeza (página 41).

Desviar el instinto de caza

Ofrézcale a su perro algunas ocupaciones sustitutorias para que pueda «desfogar» su instinto de caza en otro sentido.

Recoger objetos: Láncele repetidamente un «Frisbee» u otro objeto similar para que vaya a buscarlo y se lo devuelva.

Ejercicios de búsqueda: Haga que su perro busque algún objeto que usted habrá escondido sin que él lo viese.

Rastreo: El perro aprende a seguir el olor dejado por una persona y rastrearla. Hay competiciones de rastreo.

En la ciudad

Los perros que viven en la ciudad se enfrentan a una gran diversidad de situaciones. Pero si usted ha acostumbrado sistemáticamente a su perro (ver recuadro) y éste obedece las órdenes básicas, no tiene por qué tener ningún problema con él.

> *Un perro bien adiestrado permanecerá sentado en cualquier lugar y circunstancia.*

He aquí algunos ejemplos:
➤ Sentarse en un bordillo o ante un semáforo con luz roja.
➤ Quedarse quieto y echado cuando usted está esperando el autobús.
➤ Caminar a su lado entre la multitud.

Transportes públicos

Es frecuente que los perros que llevan una vida urbana tengan que desplazarse en autobús, en tren o en metro. Empiece por llevar al cachorro a la estación para que se acostumbre al sonido de los trenes. Cuando ya no le asusten llévelo con usted en recorridos cortos, y luego vaya haciéndolos cada vez más largos. Durante el trayecto deberá permanecer tranquilo a su lado o echarse en el suelo. En la parada o en la estación también tendrá que estar tranquilamente a su lado.

En bares y restaurantes

Un perro bien adiestrado puede acompañar a su dueño a cualquier sitio, pero antes es conveniente que lo haga correr y ejercitarse para que esté un poco cansado. Así ya habrá hecho sus necesidades y le será más fácil quedarse

1 En la parada

Un perro bien educado espera la llegada del bus o tranvía junto a su dueña. No subirá hasta que ella se lo ordene. Las primeras excursiones de este tipo es mejor realizarlas en días y horas en los que no haya demasiado ajetreo. Así el perro podrá habituarse progresivamente a estas situaciones.

2 En el bus o tranvía

El primer viaje tampoco es conveniente realizarlo en horas punta. Durante el viaje (que al principio no deberá ser demasiado largo) haga que el perro se siente o eche a su lado. Los perros que acompañan a sus dueños a todas partes tienen que ser pacíficos y amistosos con la gente.

tranquilamente un buen rato bajo la mesa. Lleve su mantita y manténgalo siempre atado. No le haga caso si gime un poco o si se muestra inquieto.

Esperar delante de la tienda

Un perro que haya aprendido a estar «¡quieto sentado!» y «¡quieto echado!» también podrá quedarse tranquilamente durante un rato a la puerta de una tienda mientras entramos a hacer algunas compras. El atarlo o no es algo que dependerá del entorno y del grado de obediencia del perro. Si él se muestra un poco inquieto y gime, no vaya hacia él mientras siga gimiendo. Procure esperar un momento hasta que se tranquilice. De todos modos, cuando vaya al supermercado a hacer la compra de la semana es mejor que lo deje en casa o en el coche (si no hace calor) porque probablemente estará bastante rato y no tendrá el perro a la vista.

Evitar éxitos indeseables

Al adiestrar a su perro, y especialmente cuando corre libremente, es muy importante que no tenga éxitos indeseables. Por ejemplo, si usted sabe que a su perro le encanta saludar a todos los transeúntes, que le gusta perseguir a las vacas o que al llegar a una determinada plaza siempre empieza a buscar patos, llámelo antes de que sea demasiado tarde y sujételo con la correa. Así evitará que luego no le haga caso cuando lo llame y que llegue a creer que es igual si obedece o no sus órdenes. Además, todos estos «triunfos» indeseables le inducen a comportarse del mismo modo en situaciones similares.

Cuestiones acerca del adiestramiento para la vida cotidiana

¿Cuál es el mejor lugar del coche para llevar al perro?

Lo importante es que el perro vaya seguro. En los turismos familiares lo ideal es instalarlo en la parte posterior y que ésta esté separada del resto del habitáculo por una red especial. Si lo lleva en el asiento trasero, puede sujetarlo con un arnés de seguridad especial para perros.

¿Por qué mi perro no hace caso de los coches?

Los coches y demás medios de locomoción no son objetos naturales. Por lo tanto, los perros tampoco los identifican como «enemigos» de los que tengan que protegerse o contra los que defenderse. La mejor forma de velar por su seguridad es acostumbrarlo a que se siente en todos (!) los bordillos.

¿Puedo llevar al perro en bicicleta?

Si su perro no es demasiado pequeño ni demasiado grande, según su raza y su forma física puede dejar que corra algunos tramos al lado de la bicicleta, generalmente al trote. En cuanto su perro sea capaz de caminar puede hacer que se acostumbre a hacerlo al lado de la bicicleta mientras usted la lleva de la mano. Como orden puede emplear la palabra «¡Bici!». Para que el perro esté protegido del tráfico es conveniente que se sitúe siempre a la derecha. En los caminos y pistas rurales puede dejar que corra libremente. A los seis meses de edad puede recorrer tramos cortos a poca velocidad. Dado que con la bicicleta podemos separarnos a mayor velocidad suele estar muy pendiente de no perdernos.

> Si el perro sabe que tirando de la correa conseguirá algo, lo hará siempre que le parezca.

Katharina Schlegl-Kofler

? Cuando llevo a mi perro en coche ladra a todos los que pasan. ¿Qué puedo hacer?

Lo mejor es que cuando lo traslade en coche lo lleve en un transportín para perros desde el cual carezca de visión lateral. También puede emplear una jaula de reja y cubrirla con una manta. Al no ver el exterior se sentirá mucho más tranquilo.

? ¿Cómo puedo evitar que mi perro ladre constantemente desde la valla?

Asegúrese de que su perro no se aburre por pasar demasiado tiempo a solas. Manténgalo ocupado. En casos extremos puede apartarlo de la valla asustándolo con un fuerte chorro de agua. Pero es importante que el perro no le relacione a usted con el manguerazo. También puede colocar una segunda valla para que el perro no pueda llegar hasta el verdadero límite de su terreno.

? ¿Puedo dejar que mis amigos se lleven el perro de paseo?

Durante el adiestramiento no es recomendable hacerlo, especialmente si sospecha que el perro va a causarles proble-mas porque no respeta o desconoce a esas personas o porque éstas no saben tratarlo correctamente.

? ¿Hay algo que deba tener en cuenta si suelo salir de paseo con otros propietarios de perros?

No se limiten a dejar que los perros jueguen entre sí, aprovechen la ocasión para entrenar juntos. Por otra parte, no es conveniente que su perro tenga un contacto habitual con otros perros que muestren un comportamiento que usted preferiría evitar en el suyo. Los perros aprenden por imitación muchas cosas de sus congéneres, tanto buenas como malas.

? Mi perro es muy tímido y tiene miedo de la gente y de su entorno. ¿Cómo lo puedo solucionar?

Tome nota, con la mayor precisión posible, de cuál es el comportamiento de su perro en cada situación concreta. Es muy probable que esto le proporcione una buena base para solucionar su problema. Pídale a su veterinario que le recomiende un buen etólogo para corregir el comportamiento de su perro y acuda a él lo antes posible.

MIS CONSEJOS PERSONALES

Agresividad hacia los otros perros

➤ Busque las posibles causas: ¿tuvo algún problema con otros perros cuando era un cachorro? En los machos: ¿muestra una conducta sexual demasiado acentuada? ¿Cuida poco a su perro? ¿Tiene quizá una predisposición innata al ataque?

➤ Evite ponerse nervioso y tirar de la correa cada vez que se crucen con otro perro. Esto no haría más que potenciar su agresividad.

➤ Lleve a su perro con el arnés de cabeza y conténgalo a tiempo (ver pág. 41). En algunos casos será mejor que lo lleve siempre con el bozal puesto.

➤ Si su perro presenta un comportamiento hipersexual es probable que sea mejor castrarlo.

➤ Encárguese de adiestrar bien a su perro para asegurar su obediencia. Si tiene problemas, acuda a un profesional del tema.

ENTRENAR SÓLO CON CORREA

Cuando entrene a su perro llévelo siempre sujeto con la correa (floja) hasta que domine el ejercicio. Pero no tire de la correa. Ésta es solamente un **«freno de emergencia»** para evitar que el perro abandone el ejercicio o que pueda tener algún éxito indeseable.

Garantía de éxito en el adiestramiento de su perro

NO HAGA DEMASIADAS COSAS A LA VEZ

Durante el entrenamiento, pase al siguiente **grado de dificultad** solamente cuando el perro ya domine el anterior. Si el perro tiene un mal día y no le sale bien un ejercicio que otras veces ya ha realizado, baje sus **exigencias** un grado.

ENTRENE CON REGULARIDAD

Entrene periódicamente, a ser posible a diario. Pero hágalo solamente cuando tenga la **tranquilidad necesaria** y le apetezca hacerlo. Realice los entrenamientos cuando disponga de **mucho tiempo** y esté de buen humor. Su buen estado de ánimo también se prolongará hasta el perro.

PREMIOS

Prepare las golosinas para premiarlo. Para poder darle las **golosinas** en el momento adecuado, trocéelas previamente para que le **quepan en la boca** y guárdelas en un lugar de rápido acceso. Solamente así le serán útiles para motivar el aprendizaje.

ESTRUCTURAR BIEN EL EJERCICIO

Si desea enseñarle algo nuevo a su perro, **dispóngalo todo** para que con algunas golosinas llegue a hacer lo que esperamos de él. Dele la orden concreta cuando el perro ya esté en la **posición deseada.**

EL SABOR DEL ÉXITO

Empiece y finalice el entrenamiento con un **ejercicio** que el perro domine a la perfección. Y no se olvide de felicitarlo. Si algo no sale del todo bien, plantéese si el perro **realmente sabía** lo que esperábamos de él. Interrumpa el ejercicio y vuelva a intentarlo después de un descanso.

Nuestros 10 consejos básicos

EVITE EL ABURRIMIENTO

Para conseguirlo es necesario que el adiestramiento sea muy **variado.** Cuando haya conseguido realizar un ejercicio no lo repita más de una vez. El exceso de repeticiones hace que el perro se aburra y pierda la ilusión por el entrenamiento. Finalice el entrenamiento con algunos juegos.

NO LE EXIJA DEMASIADO

Cuide de no exigirle demasiado a su perro. Adapte la **duración de los ejercicios** a la edad y la capacidad de concentración del perro. Cuanto más joven sea el perro, más breves deberán ser los ejercicios. Para los cachorros son suficientes **algunos minutos.** Marque claramente el inicio y el final de los entrenamientos

PRACTICAR SIN DISTRACCIONES

Practique las **cosas nuevas** sin distracciones. Cuando el perro ya domine el nuevo ejercicio podrá realizarlo en un lugar más concurrido. Pero al principio es mejor que el perro practique en un **entorno conocido** y que esté a solas con usted.

EMPLEE EL TONO DE VOZ ADECUADO

No le hable constantemente al perro, pero cuando haga algo bien felicítelo con un **tono amable.** Adapte la recompensa al perro. Este deberá sentirse **satisfecho,** pero sin excederse ni abandonar el trabajo.

La autora

Katharina Schlegl-Kofler es una conocida experta en adiestramiento canino. Hace muchos años que trabaja con perros y ha impartido numerosos cursos y seminarios de esta especialidad.

Sus cursos para cuidar cachorros de todas las razas tienen un gran éxito. Ha escrito numerosos libros sobre perros, todos ellos con gran éxito.

La fotógrafa

Christine Steimer es la autora de todas las fotografías que aparecen en este libro. También es muy aficionada a los perros, y después de obtener su diploma en fotografía decidió especializarse en perros y animales domésticos. Trabaja para diversas editoriales internacionales, para revistas especializadas y para agencias de publicidad.

Seguros

Casi todas las compañías ofrecen seguros de responsabilidad civil y daños a terceros para propietarios de perros.

Direcciones de interés

Fédération Cynologique Internationale
14, rue Léopold II, B-6530 Thuin, Bélgica.
www.fci.be

The Kennel Club
1-5 Clarges St., Piccadilly, Londres W1Y 8AB, Reino Unido.
www.the-kennel-club. org.uk

Real Sociedad Canina de Cataluña
Pi i Margall, 7 bajos. 08024 Barcelona.
Tel./Fax: 93 285 11 28

R.S.C.F.R.C.E.
Los Madrazo, 20-26. 28014 Madrid.
Tel./Fax: 91 426 49 60

Federación Canina de Madrid
Carretas, 14. 28012 Madrid.
Tel./Fax: 91 532 50 91

ADVERTENCIAS

➤ Las técnicas de adiestramiento descritas en este libro están concebidas para ser aplicadas en cachorros con un desarrollo normal y de una buena camada, es decir, animales sanos y sin alteraciones del carácter.

➤ Algunos perros tienen conductas problemáticas debido a que han sufrido malas experiencias con las personas. Estos perros solamente deberá adiestrarlos un profesional cualificado.

Mi perro

➤ **Nombre:** _____

➤ **Tienda donde lo adquirí:** _____

Así le gusta ser recompensado:

➤ _____

_____

_____

Juegos y juguetes favoritos:

_____

_____

Al sacarlo hay que tener en cuenta:

➤ _____

_____

_____

Éstas son sus características:

➤ _____

_____

_____

Rasgos propios:

_____

_____

_____

Éste es su veterinario:

➤ _____

_____

_____

Título de la edición original: Hunde Erziehung

Es propiedad
© Gräfe und Unzer Verlag GmbH, Múnich

© de la edición en castellano, 2019:
Editorial Hispano Europea, S. A.
Passeig del Ferrocarril, 335, 2°2ª
08860 Castelldefels - Barcelona (España).
E-mail: hispanoeuropea@hispanoeuropea.com

© de la traducción: Enrique Dauner

Depósito Legal: B. 43476-2010

ISBN: 978-84-255-1501-9

Octava edición

Consulte nuestra web:
www.hispanoeuropea.com